GRÜN · GEMEINSAM GOTT SUCHEN

Der Weg zu Gott

Die Algen sind
mühelos zu erreichen.

Wer Perlen sucht,
muß tiefer tauchen.

Wer Gott finden will,
muß in die Stille gehen.

Martin Gutl

P. Anselm Grün

GEMEINSAM GOTT SUCHEN

Die Abtei Münsterschwarzach
in Geschichte und Gegenwart

Vier-Türme-Verlag, Münsterschwarzach
1991

Grün, Anselm:
Gemeinsam Gott suchen : die Abtei Münsterschwarzach
in Geschichte und Gegenwart / Anselm Grün. – 1. Aufl. –
Münsterschwarzach : Vier-Türme-Verl., 1991
   ISBN 3-87868-429-0

1. Auflage

Gesamtherstellung:
Benedict Press, 8711 Münsterschwarzach
© by Vier-Türme-Verlag, D-8711 Münsterschwarzach
ISBN 3-87868-429-0

INHALTSVERZEICHNIS:

S. BENEDIKT VON NURSIA

DAMIT
IN
ALLEM
GOTT

VER-
HERR-
LICHT
WERDE

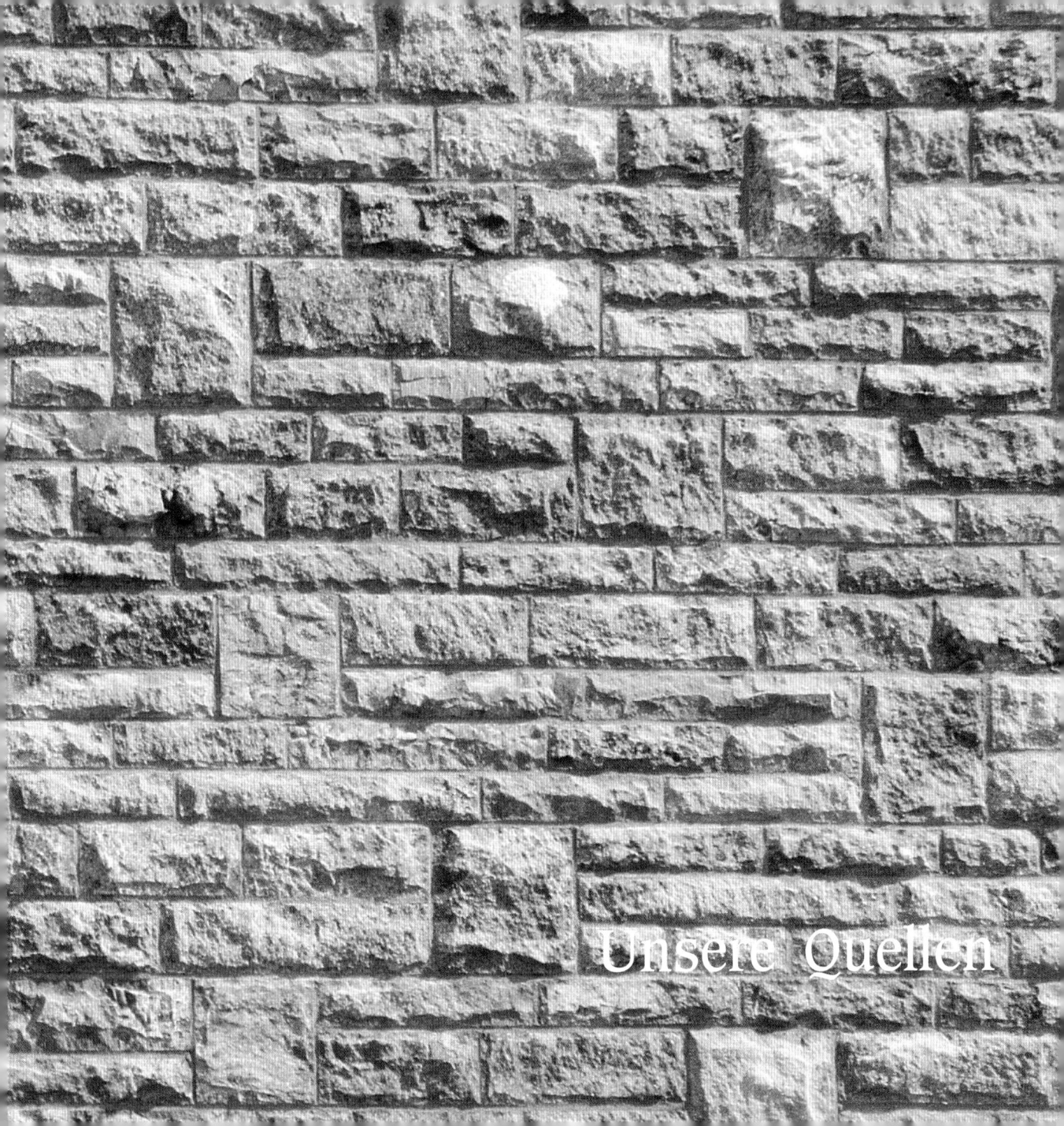

Unsere Quellen

Als Benediktiner leben wir aus den Quellen des Mönchtums. Um das Jahr 250 zog Antonius als Einsiedler in die Wüste und brachte damit eine Bewegung in Gang, die 300 Jahre lang in Ägypten und Syrien zahllose Mönche hervorgebracht hat. Die Mönche lebten in ihren Einsiedeleien, erarbeiteten sich durch Körbeflechten ihren Lebensunterhalt, beteten und meditierten ohne Unterlaß und beobachteten ihre Gedanken, um sich immer mehr für Gottes Geist zu öffnen und mit Gott eins zu werden. Der innere Weg, den die Mönche gingen, führte sie zu einer großen Gottesliebe und zugleich zu ehrlicher Selbstbegegnung und zu großer Menschenkenntnis. Die Mönche waren die Psychologen ihrer Zeit. Zu ihnen kamen aus der ganzen damaligen Welt Menschen, um bei ihnen Rat zu suchen. So wurden viele Mönche zu geistlichen Vätern, die andern einen Weg zu Gott wiesen. Das Ziel dieses Weges war die Begegnung mit Gott. Aber um Gott begegnen zu können, mußte man sich erst selbst begegnen. Und in der Selbstbegegnung entdeckten die Mönche Hindernisse auf dem Weg zu Gott. Es sind die sog. acht Laster, Fehlhaltungen, die den Menschen daran hindern, zu sich selbst zu kommen, die apatheia, die Leidenschaftslosigkeit und innere Freiheit zu erlangen und so ganz offen zu sein für Gott. Im Einssein mit Gott sahen die Mönche das Ziel ihres Weges. Wer mit Gott eins ist, der ist auch eins mit sich und mit seinen Brüdern und Schwestern.

Da das Leben als Einsiedler auch gewisse Gefahren mit sich brachte, entstanden nach und nach klösterliche Gemeinschaften. Pachomius war der erste, der die Mönche in einer großen Gemeinschaft miteinander Gott suchen ließ. Im Abendland war es vor allem Benedikt, dessen Regel sich in den Klöstern allmählich durchsetzte, weil sie alle anderen Regeln durch ihre psychologische Weisheit und durch ihre discretio, durch das rechte Maß übertraf. Im karolingischen Reich wurde schließlich die Regel des hl. Benedikt zur einzig gültigen Klosterregel.

Benedikt ist vom Ideal der Urkirche beseelt. Wie die Urgemeinde von Jerusalem sollen die Brüder "ein Herz und eine Seele" sein, alles gemeinsam haben und miteinander Gott loben. (Vgl. Apg 4,32ff) Das zentrale Motiv des benediktinischen Lebens ist die Suche nach Gott. Die Mönche sollen vor allem Gott suchen. Das zeigt sich in drei Konkretisierungen, im Eifer für den Gottesdienst, in der Bereitschaft, sich auf die Gemeinschaft einzulassen und miteinander Gottes Liebe und Barmherzigkeit zu leben, und in der konkreten Arbeit des Alltags. Gott steht im Mittelpunkt des benediktinischen Lebens. In seiner Gegenwart leben die Mönche. In

vor dem morgentlichen
Conventamt
in der Sakristei

allem, was sie tun, sind sie auf ihn bezogen, von ihm wohlwollend angeschaut, von ihm aber auch durchschaut und zur Echtheit herausgefordert. Dem Gottesdienst sollen die Mönche nichts vorziehen. Gott ist die eigentliche Wirklichkeit ihres Lebens. Und ihr Leben gelingt nur, wenn es in steter Bezogenheit auf Gott gelebt wird und ganz und gar von Gottes Geist und Gottes Liebe durchdrungen ist.

11

Unsere Wurzeln

In Münsterschwarzach haben seit etwa 1200 Jahren Männer und Frauen das Lob Gottes gesungen. Ihr Beten und Arbeiten sind die Wurzeln, aus denen wir leben und von denen wir uns heute noch nähren. Es ist ein durchwohnter Ort, an dem wir heute leben, ein Ort, der geprägt ist von der Gottsuche vieler Mönche und von ihrer Hingabe an Gott. Das Herz, das sie Gott hingehalten haben, ist der Wurzelgrund, auf dem heute unser Leben gelingen kann.

Münsterschwarzach gehört zu den Urklöstern Frankens. Vor dem Jahr 794 wurde das "Monasterium Suarzaha" an der Mündung der Schwarzach in den Main als karolingisches Königskloster gegründet. Bis 877 widmeten sich in Münsterschwarzach Klosterfrauen dem Gebet und der Arbeit. Zu ihnen gehörten Theodrada, die Tochter Kaiser Karls des Großen, sowie die Töchter König Ludwigs des Deutschen, Hildegard und Bertha. Im Jahre 877 übernahmen Mönche von Megingaudshausen am Laimbach im Iffgau, dem heutigen Oberlaimbach im ehemaligen Landkreis Scheinfeld in Mittelfranken, das Frauenkloster an der Schwarzach. Das Männerkloster war im Jahr 816 vom fränkischen Grafen Megingaud und seiner Gattin Imma gestiftet worden. Die Gründer übergaben das Kloster dem hl. Benedikt von Aniane, der zusammen mit Kaiser Ludwig dem Frommen die Regel des hl. Benedikt von Nursia als Richtschnur des abendländischen Mönchtums einführte. Benedikt von Aniane gilt als der zweite Gründer des Benediktinerordens.

Trotz mancher innerer und äußerer Krisen, trotz zahlreicher Zerstörungen, trotz kürzerer und längerer Aufhebungen haben sich in der 1200 jährigen Geschichte Münsterschwarzachs immer wieder Männer und Frauen aufgemacht, um Gott zu suchen und unter der Führung des Evangeliums Christus nachzufolgen. Auf ihrem Weg der Gottsuche wurden die Mönche getragen von den großen monastischen Reformbewegungen des Abendlandes, die sich auch in Münsterschwarzach niedergeschlagen haben. Die schriftlichen Äußerungen dieser Reformen und das Studium ihrer praktischen Umsetzung bilden einen großen Schatz, aus dem wir schöpfen können für die Gestaltung des klösterlichen Lebens in unserer Zeit.

St. Egbert - St. Adalbero - St. Makarius

Im neunten Jahrhundert erlebte Megingaudshausen/Münsterschwarzach seine erste Blüte. In der Schreibschule des Klosters entstanden wertvolle Handschriften. Doch die Blüte währte nicht lange. Im 10. Jahrhundert geriet die Abtei in die Hände sogenannter Kommendataräbte, die Weltpriester oder auch Laien waren und denen die Abtei lediglich als Einnahmequelle diente. Sie kümmerten sich nicht um das geistliche Leben, sondern beuteten die Abtei für ihre privaten Interessen aus. In diesem Jahrhundert war die Abtei zum ersten Mal für mehrere Jahrzehnte (?) verwaist. In den Jahren 993, 1003 und 1025 wurde die Abtei durch die Kaiser Otto III., Heinrich II. und Konrad II. endgültig dem Würzburger Bischof unterstellt. Damit wurde ein langwieriger Prozeß abgeschlossen, der mit der Übergabe Münsterschwarzachs durch die Kaisertochter Theodrada im Jahr 843 - jedenfalls vor 844 - begann. Bischof Heinrich I. von Würzburg (995/96 - 1018) leitete die Reform unseres Klosters ein, indem er es der Gorzer Erneuerung anschloß. Gorze war ein lothringisches Kloster, das im Geiste des burgundischen Reformklosters Cluny die benediktinische Erneuerungsbewegung ins Reich trug. Im 10. Jahrhundert standen mehrere heilige Äbte dem Kloster Cluny vor.

Unter Abt Wolfher (1026-1047/48) blühte das geistliche Leben in Münsterschwarzach wieder auf. Die Abtei erlebte einen künstlerischen

Aufschwung, der unter dem Nachfolger, dem seligen Abt Egbert (1047/ 48 - 1077), seinen Höhepunkt hatte. Egbert kam direkt auf Veranlassung des hl. Bischofs Adalbero von Würzburg aus Gorze. Er errichtete eine romanische Kirche, die bis ins 18. Jahrhundert bestand. Egbert ließ den unter Abt Wolfher geschaffenen kostbaren Schrein mit den Reliquien der heiligen Felizitas auf den Hochaltar der Basilika übertragen. Seit dieser Zeit wird die hl. Blutzeugin Felizitas mit ihren sieben Söhnen in Münsterschwarzach verehrt. Allmählich wurde sie Hauptpatronin. Die Urpatrone, die hl. Gottesmutter (Münsterschwarzach), Christus Salvator (von Megingaudshausen übernommen) und der hl. Sebastian wurden Nebenpatrone. Die Mutter, die ihre sieben Söhne zum Martertod ermuntert, ist ein Bild für das Leben der Mönche. Alle sieben Kräfte und Gaben in ihnen müssen durch den Tod der Wandlung hindurch, damit sie zu Gott gelangen können. Daß eine Frau Patronin für das Männerkloster wurde, zeigt, wie die Mönche die anima-Dimension ihres Lebens zu integrieren suchten.

Unter Abt Egbert errichteten die Mönche von Münsterschwarzach im Jahr 1056 das Kloster Lambach in Oberösterreich, das der hl. Bischof Adalbero von Würzburg (1045-1090) dort auf seinem väterlichen Stammsitz gestiftet hatte. Mönche Lambachs, deren erste Äbte Burkard I. Pezmannus und Sigibold noch aus Münsterschwarzach stammten, gründeten 1089 die Abtei Melk. Münsterschwarzach war weiterhin beteiligt an der Gründung von St. Stephan in Würzburg, Theres bei Schweinfurt und Michelsberg zu Bamberg. Zahlreiche Klöster innerhalb und außerhalb Frankens wurden von Münsterschwarzach aus reformiert. So war Münsterschwarzach schon damals geistliches Zentrum, von dem eine geistliche Erneuerung auf andere Klöster ausging, das aber auch eine segensreiche Wirkung auf die unmittelbare Umgebung entfaltete.

16

Egberts Nachfolger arbeiteten ganz in seinem Sinn, so daß Münsterschwarzach im 11. Jahrhundert immer mehr zu einer Quelle spiritueller

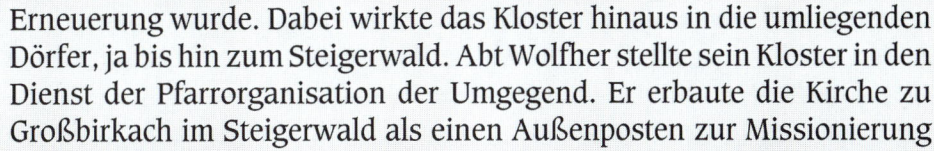

Johannes d.T.
(um 1040)
aus Großbirkach

Erneuerung wurde. Dabei wirkte das Kloster hinaus in die umliegenden Dörfer, ja bis hin zum Steigerwald. Abt Wolfher stellte sein Kloster in den Dienst der Pfarrorganisation der Umgegend. Er erbaute die Kirche zu Großbirkach im Steigerwald als einen Außenposten zur Missionierung der Slawen. Noch heute trägt das älteste fränkische Steinrelief in Großbirkach den Namen von Abt Wolfher. Abt Egbert errichtete in der Abtei eine Schule, die der Erziehung des fränkischen Adels gewidmet war. Der Sorge für die Pilger, Kranken und Armen diente ein Spital. So stand das Kloster im 11. Jahrhundert im Dienst der Menschen, sowohl in der Missionierung und Seelsorge als auch im konkreten Dienst an den Menschen in Krankheit und Not.

Die Blüte der Abtei dauerte bis ins 13. Jahrhundert. Doch dann suchten schwere Krisen das Kloster heim. Dafür gab es viele Gründe. Einmal wurden nur adelige Mönche aufgenommen. Das trug die Rivalitäten ihrer Familien ins Kloster hinein und zerstörte so die Eintracht. Außerdem übten die Würzburger Bischöfe als Herren des Klosters ihr Amt nicht zum besten aus. So geriet das Kloster in die blutigen Fehden des fränkischen Adels mit dem Würzburger Bischof und wurde einige Male niedergebrannt. Im Konvent selbst schwand der klösterliche Geist unter den adeligen Mönchen immer mehr. Trotzdem wurde die Seelsorge in der Umgebung weiter geleistet. 1335 errichtete Abt Heinrich in Dimbach eine Propstei und besetzte sie mit zwei Mönchen, die die dort entstandene Marienwallfahrt betreuten. Erst im 15. Jahrhundert besserte sich die Situation in der Abtei. Der Bischof von Würzburg berief den Mönch Eckhard von Rotenhan (1453 - 1465) aus Fulda nach

17

Münsterschwarzach. Sein Vorgänger Abt Johannes II. Wolf von Karsbach (1444 - 1455) hatte das Adelsprinzip abgeschafft. Abt Eckhard setzte die Reformen seines Vorgängers fort. Im Jahre 1473 wurde die Abtei unter Abt Martin (1465 - 1494) in die Bursfelder Kongregation aufgenommen. Damit rückte das gemeinsame Gotteslob wieder in das Zentrum des monastischen Lebens. Das geistliche Leben wurde gefestigt, so daß die Abtei die Stürme der Reformation ohne bleibenden inneren Schaden überstehen konnte. Allerdings geriet das Kloster in große finanzielle Nöte. Im Bauernkrieg wurde es 1525 von Aufständischen besetzt, ausgeplündert und schließlich durch Feuer fast gänzlich zerstört. Die Bibliothek mit ihren wertvollen Handschriften verbrannte völlig. Auch die Reliquien der Patronin Felizitas wurden vernichtet.

1563 wurde Johannes Burckhardt mit 25 Jahren zum Abt gewählt. Ihm gelang es, das Kloster in kurzer Zeit wirtschaftlich zu sanieren und das monastische Leben nach den Satzungen der Bursfelder Kongregation zu erneuern. Abt Johannes IV. zog die Mönche aus den Pfarreien zurück, um innerhalb des Klosters das feierliche Gotteslob und die Ausbildung in der Klosterschule zu fördern. Er wurde bald vom Würzburger Bischof Julius Echter von Mespelbrunn zum Reformator des benediktinischen Lebens in der Diözese bestellt. So reformierte er die Abtei Theres bei Schweinfurt und St. Stephan in Würzburg. Er gründete erneut die Abtei Banz in Oberfranken. Als Abt Johannes Burckhardt IV. 1598 in Kloster Banz starb, hatte er nicht nur 4 Abteien zur Blüte gebracht, sondern auch dem religiösen Aufschwung in Franken wichtige Impulse gegeben.

Der Dreißigjährige Krieg brachte neue Not über Münsterschwarzach. Die Mönche samt ihrem Abt Cassian Speiser mußten fliehen. Als Abt Cassian 1636 in seine Abtei zurückkehren konnte, war die wirtschaftliche Lage hoffnungslos. Die Einkünfte aus den Abteidörfern blieben aus, denn diese waren fast vollkommen entvölkert. Der Konvent konnte sich nicht mehr ernähren. So nahmen die Mönche Pfarrstellen an. 1646 zählte der

Konvent nur noch acht Mönche. Da berief der Würzburger Bischof Johann Philipp von Schönborn (1642 - 1673) den Abt Remigius Winkel von Hornbach in der Pfalz zum Abt von Münsterschwarzach. Er sicherte in kurzer Zeit die wirtschaftliche Lage des Klosters und gewann neue Bewohner für die Abteidörfer. 1652 erbaute er das heute noch bestehende Torhaus. Aus der Bursfelder Kongregation holte er sich erfahrene Mönche, die ihm beim inneren Aufbau des Konventes halfen. Unter seinem Nachfolger Benedikt II. Weidenbusch (1654-1672) erlebte die theologische Hochschule der Abtei ihre Blüte. Zwei Schwarzacher Mönche erhielten einen Ruf als Professoren an die Salzburger Universität.

Kloster Schwarzach im Jahre 1578

Die Nachfolgeäbte widmeten sich vor allem dem äußeren Ausbau der Abtei. So wurde unter Abt Augustin Voit (1691-1704) der Neubau der gesamten Anlage in Angriff genommen. Als Architekt wirkte Valentin Pezani, der 1696-1698 den Gastflügel errichtete, der heute noch besteht und in den Klosterneubau integriert ist. 1704 zwang der spanische Erbfolgekrieg, die Arbeiten einzustellen. Erst unter Abt Januarius Schwab (1717-1742) konnte der Neubau des Klosters fortgesetzt werden. Jetzt wirkte der Würzburger Baumeister Joseph Greising als Architekt. Er baute eine großzügige Klosteranlage, in die er den Bau Pezanis einfügte. Für den Neubau der Klosterkirche gewann Abt Januarius Balthasar Neumann als Baumeister. In den Jahren 1727 bis 1741 entstand nach Neumanns Plänen ein Gotteshaus. Dessen Größe und Pracht zeugen davon, daß die

19

Mönche der barocken Abtei in der Verherrlichung Gottes den Mittelpunkt ihres Lebens sahen. Die Kirche war mit 82 m Länge eines der größten fränkischen Gotteshäuser. Die besten Künstler der Zeit schufen die Inneneinrichtung, so Tiepolo, van der Auvera, Johann Evangelist Holzer, Franz Xaver und Michael Feuchtmayr. Die Mönche waren sehr stolz auf ihre schöne Kirche mit der von vielen bewunderten Kuppel. 1743 wurde die Kirche feierlich eingeweiht, mit einem Glanz und Pomp, wie ihn die Abtei wohl noch nie gesehen hatte. Die Abtei schien auf dem Höhepunkt ihrer Geschichte zu sein.

Balthasar-Neumann-Basilika (1825)

Doch nur sechzig Jahre durften die Mönche in der herrlichen Kirche Balthasar Neumanns das Gotteslob singen. Im Jahre 1803 wurde die Abtei im Zuge der allgemeinen Säkularisation aufgehoben. Zur Zeit der Aufhebung zählte der Konvent 20 Patres, 4 Novizen und 2 Brüder. Die wirtschaftlichen Angelegenheiten waren wohlgeordnet, das geistige und monastische Leben zufriedenstellend. Der Geist der Aufklärung, der für das Ordensleben kein Verständnis zeigte, hatte natürlich auch vor den Klostermauern nicht Halt gemacht.

Am 7. Mai 1803 setzte die bayrische Regierung das Ende des gemeinsamen Lebens fest. Mit der Komplet des Tages verstummte das gemeinsame Gotteslob, das über tausend Jahre an dieser Stätte erklungen war. Der gesamte Grundbesitz des Klosters wurde zur Versteigerung ausgeschrieben und verkauft. 110 Jahre lang waren Felder und Gebäude des Klosters in der Hand von 10 verschiedenen Besitzern, die mit dem großen Areal offensichtlich überfordert waren und wenig Glück hatten. Die wunderbare Abteikirche wurde an einen Privatmann verkauft, der

20

die Inneneinrichtung veräußerte und die Kirche nach der Beschädigung eines Turms durch Blitzschlag zum Steinbruch freigab. 1841 wurde die Ruine vollends niedergerissen. auch die übrigen Klostergebäude dienten den Leuten der Umgebung als Steinbruch. Nur wenige Gebäude konnten die Verwalter des Gutes für sich nutzen. Die Firma König und Bauer mietete die von Balthasar Neumann 1744 erbaute Klostermühle an und errichtete darin ihre erste Endlospapierfabrik. Als 1913 die Mönche von St. Ludwig am Main aus nach Münsterschwarzach kamen, fanden sie Hof und Gebäude verwahrlost vor. Es brauchte ihren ganzen Erstlingseifer, um die ehemalige Abtei wieder zur Blüte zu bringen.

Münsterschwarzach um 1837

21

Unsere Väter

Felicitas rediviva, so hatte P. Burkard Bausch OSB seine Klosterchronik von Münsterschwarzach überschrieben. Felicitas steht immer wieder auf. Dieses Wort bewahrheitete sich auch nach der Säkularisation. Schon wenige Jahrzehnte danach war eine Renaissance des benediktinischen Mönchtums in Frankreich und Deutschland zu beobachten. 1884 gründete P. Andreas Amrhein, ein Mönch aus Beuron, das Kloster St. Ottilien, das benediktinisches Leben mit der Missionsarbeit verbinden sollte. Die Missionsbegeisterung ließ das Kloster schnell wachsen, so daß in anderen Teilen Bayerns neue Gründungen entstanden. 1901 faßten einige Mönche aus St. Ottilien Fuß in Franken, und zwar in St. Ludwig bei Wipfeld. Als immer mehr junge Mönche dort eintraten, sah man sich nach anderen Möglichkeiten um. So kaufte man am 31. Juli 1913 das Gut in Münsterschwarzach. 110 Jahre nach der Aufhebung erklang das Lob Gottes wieder an der ehrwürdigen Stätte. Schon 1914 wurde das Kloster zur Abtei erhoben. Der neue Abt Plazidus II. Vogel wurde von der Bevölkerung begeistert begrüßt; denn im Volk hatte der Glaube weiter gewirkt, daß das Kloster wieder erstehen würde.

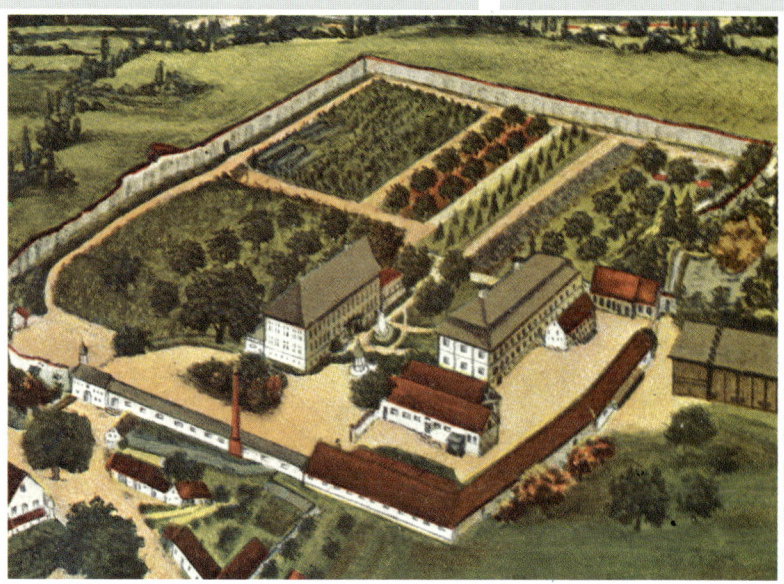

Münsterschwarzach um 1914

Die wenigen Mönche, die von St. Ludwig aus Münsterschwarzach besiedelten, fanden ein verwahrlostes Gut vor. Ohne finanzielle Mittel war der Wiederaufbau nur durch den übergroßen Glauben der Mönche´und ihre Liebe zum benediktinischen Leben möglich. Kaum hatte man mit dem Wiederaufbau begonnen, brach der erste Weltkrieg aus. Viele Mönche mußten ins Feld ziehen, 10 davon fielen. Nach dem Krieg begann man trotz Inflation und ständiger Geldsorgen mit dem Ausbau der Abtei, der mit dem Bau der neuen Abteikirche seinen krönenden Abschluß fand. Als der Konvent 1938 feierlich die Kirchweihe beging, zählte er 435 Mönche. In kurzer Zeit war die Abtei in Franken zu einem der größten Klöster des Benediktinerordens herangewachsen. Von diesem raschen Aufschwung her ist es verständlich, daß die Mönche in politisch und wirtschaftlich schwerer Zeit mit dem Bau einer so großen Kirche begannen. Bei einem Architektenwettbewerb hatte Albert Boßlet aus Würzburg gewonnen. Mit viel Liebe widmete er sich der Planung des Münsters, das wie ein Bollwerk gegen den Nationalsozialismus wirkte. Und die Mönche setzten ihre ganze Kraft und Begeisterung für das große Werk ein. Die gesamte Inneneinrichtung außer der Orgel (mit 60 Registern ein Werk der Firma Klais in Bonn) wurde von den Werkstätten der Abtei geschaffen. Die weithin bekannte "Münsterschwarzacher Madonna" stammt von Br. Franz Blaser († 1930), Christus Salvator, St. Benedikt, St. Scholastika, die Ambonen und die Evangelistenfiguren der Fassade von Fr. Maurus Kraus († 1941), die übrigen Figuren von seinen Schülern und die Kreuze und Leuchter von der Goldschmiede. Die Liebe, mit der die Mönche heute noch ihre Kirche betrachten, rührt von dem gemeinsamen Bangen und Ringen um eine Kirche, die den rohen Parolen von damals das Gotteslob als höchsten Wert entgegensetzen wollte. Als 1987 die Kirche nach 50 Jahren zum ersten Mal renoviert wurde, planten und arbeiteten noch viele Mönche mit, die auch das Entstehen der Kirche 1935 miterlebt hatten. Die Struktur der Kirche wurde deshalb belassen und nur den Bedingungen der nachkonziliaren Liturgie angepaßt. Die

Madonna
von Br. Franz Blaser

25

Steinarbeiten (Hochaltar, Tabernakel und Umfassung der Marienstatue) schuf Hubert Elsässer. Sie fügen sich gut ein in den hohen und weiten Raum, den Boßlet in Anlehnung an romanische Baustile geschaffen hat.

Die Weihe der neuen Abteikirche war für die Mönche und für die ganze Bevölkerung ein Augenblick großer Freude. Der Glaube des Volkes hatte recht behalten. Das alte Münsterschwarzach war in neuem Glanz erstanden. Doch auch diesmal währte die Freude nicht lange. Als 1939 der zweite Weltkrieg ausbrach, mußten 200 Mönche ins Feld. 56 von ihnen fielen den Kämpfen zum Opfer. Während die Mönche draußen für einen Staat kämpfen mußten, den sie innerlich ablehnten, entzog ihnen das nazistische Regime die Heimat. Am 9. Mai 1941 wurde die Abtei von der Gestapo aufgehoben. Abt Burkard Utz kam für einige Zeit ins Gefängnis, P. Sales Heß wurde für seine Rundbriefaktion an die Wohltäter mit dem KZ bestraft. Vier Jahre lang mußte er im Konzentrationslager Dachau aushalten. Einige Mönche waren zwangsverpflichtet, um den wirtschaftlichen Betrieb des Klosters aufrecht zu erhalten. Sie hielten brieflichen Kontakt zu den Mitbrüdern im Feld. Die Briefe aus dieser Zeit geben Zeugnis von der Empörung und dem Widerstand der Mönche gegen ein Regime, das sie rücksichtslos ausbeutete und zugleich hinterrücks überfallen hatte. Bei der Aufhebung der Abtei zeigte sich auch die große Verbundenheit der Bevölkerung und vor allem der Jugend mit der Abtei. Über 500 Menschen hatten sich vor der Klosterpforte

Mönchschor und Kirchenschiff

26

versammelt und forderten in Sprechchören, daß die Mönche bleiben sollten. Die Gestapo mußte unverrichteter Dinge abziehen und hob dann wenige Tage später in einer feigen Nacht- und Nebenaktion die Abtei auf. In den Jahren der Aufhebung kam die Jugend aus ganz Franken mit großer Begeisterung zu der Osternacht, die damals schon - der liturgischen Entwicklung weit voraus - nachts gefeiert wurde. Durch einen Hintereingang mußten die Jugendlichen in die verschlossene Kirche. Nach der Liturgie sangen sie noch lange ihre Osterlieder. So feierten sie

Kreuzgarten und Claustrum

mitten in der so bedrückenden Situation die Auferstehung Christi, die von allen Fesseln befreit. Der Widerstand gegen den übermächtigen Staat hatte die Klosterfamilie auf neue Weise zusammengeschlossen. Diese innere Verbundenheit zeigte sich, als am 16. April 1945 Abt Burkard wieder in sein Kloster zurückkehrte und mit ihm nach und nach die Mönche aus der Verbannung und aus dem Feld. Sofort ging man an den inneren und äußeren Wiederaufbau. Das Studienkolleg in Würzburg, das völlig zerbombt war, wurde als erstes Haus in Würzburg wieder aufgebaut. Das Kloster in Münsterschwarzach wurde durch einen Ostflügel erweitert und damit das Klosterquadrum vollendet. Abt Burkard Utz leitete mit sicherer Hand die Klostergemeinschaft durch die Wirren der Kriegs- und Nachkriegszeit. Als er 1959 zurücktrat, war der innere und äußere Aufbau der Abtei vollzogen. Und zahlreiche Mönche aus Münsterschwarzach wirkten in den Missionsgebieten in Afrika, Korea und Südamerika. 1959 wurde als dritter Abt des neuen Münster-

27

schwarzach Bonifaz Vogel gewählt. Ihm war vor allem der Ausbau von Internat und Schule ein Anliegen. So gab er Internat und Schule in St. Ludwig auf und baute in Münsterschwarzach beides neu auf, öffnete die Schule auch für externe Schüler, seit 1970 auch für Mädchen, und erweiterte sie 1982 zum Vollgymnasium. Außerdem schuf er 1979 das neue Gästehaus, um die benediktinische Gastfreundschaft in angemessener Weise leben zu können. Abt Bonifaz führte den Konvent behutsam durch den kirchlichen und monastischen Umbruch, wie er nach dem Konzil in Gang gekommen war. So konnte er nach 23 Jahren Amtszeit die Abtei in neuer Frische und Lebendigkeit seinem Nachfolger Abt Fidelis Ruppert übergeben. Wir heutigen Mönche leben von unseren Vätern, die in beispiellosem Einsatz und mit einer großen Liebe zu ihrer Abtei die Grundlagen für unser Leben geschaffen haben. Die Liebe der Väter drückt sich aus in der äußeren Gestaltung der Klosteranlage, der Bauten und des Parks, in der Liturgie, in der wir heute noch von der liturgischen Bewegung leben, die viele Mönche vor und nach dem zweiten Weltkrieg engagiert vertreten haben. Ob es der Stil des Choralsingens oder des Orgelspiels ist, den P. Augustin und P. Godehard geprägt haben, überall zehren wir von den Vätern, die sich mit ihrem ganzen Herzen auf das monastische Leben eingelassen und es gestaltet haben. Ihre Art zu denken, zu beten, zu arbeiten und zu feiern prägt uns heute noch. Auch wenn junge Mitbrüder neue Ideen haben, sie entstehen immer auch im Gespräch mit den Gedanken, die uns die Väter überliefert haben. Wenn wir uns im Spiegel der langen Geschichte von Münsterschwarzach betrachten, so ist es nicht leicht, zu beurteilen, ob wir eine Blütezeit darstellen oder nicht. Zumindest bemühen wir uns redlich, aus dem Erbe der Väter neue Wege in die Zukunft zu gehen, in Treue zu unseren benediktinischen Quellen: Gott zu suchen und ihn in Gebet und Arbeit zu verherrlichen und den Menschen mit ihren Sorgen und Nöten immer wieder neu zu dienen.

Unser
Leben

Unser Leben ist geprägt von der Regel des hl. Benedikt, die wir heute nach 1500 Jahren immer noch als Maßstab gesunden Lebens sehen. Das benediktinische Leben hat einen ganz bestimmten Stil entwickelt. Er ist geprägt von einer klaren Tagesordnung, in der Gebet und Arbeit, Einsamkeit und Gemeinschaft, Schweigen und Reden ihren festen Platz haben. Diese äußere Ordnung will den Mönch innerlich in Ordnung bringen. Und sie will Gott in den Mittelpunkt des Lebens rücken. Denn dem Gottesdienst ist in dieser Ordnung großer Raum zugewiesen. Der gut gegliederte Tag gibt den wichtigsten menschlichen Lebensvollzügen den angemessenen Platz. So ist genügend Zeit zum Arbeiten, zur Meditation, zum gemeinsamen Gebet, zum Feiern und zum gegenseitigen Austausch. Durch das äußere Maß soll der Mönch sein inneres Maß finden, das in Gott zentriert ist. Die Tagesordnung sieht zur Zeit so aus: 4.40 Aufstehen. 5.05 Morgenhore, 5.45 Meditation, 6.15 Konventamt, 7.00 Frühstück, 7.40 Arbeit bis 11.45, 12.00 Mittagshore, 12.20 Mittagessen, 13.30 Arbeit bis 17.00, 18.00 Abendhore, 18.40 Abendessen, anschließend Rekreation, 19.35 Komplet. Wer sich auf diese Ordnung einläßt, erfährt ihre heilende und zentrierende Wirkung.

Nicht nur der Tag ist strukturiert, sondern auch die Gemeinschaft. Die benediktinische Gemeinschaft ist durch eine gewisse Kontinuität geprägt. So geloben die Mönche Stabilität, das heißt, sie binden sich an diese konkrete Gemeinschaft, in der sie ihr Leben lang bleiben. Sie können nicht in andere Klöster versetzt werden, sondern von der Gemeinschaft nur zur Missionsaufgabe ausgesandt werden. Die Stabilität zeigt sich auch im Amt des Abtes, der von allen Mönchen auf Lebenszeit gewählt wird. Natürlich kann er vorzeitig zurücktreten, wie das die Äbte des neuen Münsterschwarzach alle getan haben. Aber durch die lange Amtszeit (es waren bei den drei letzten Äbten immer über 20 Jahre) entsteht eine Kontinuität und es kann etwas wachsen und reifen. Der Abt gibt die geistlichen Impulse, er trägt für die geistliche und wirtschaftliche Situation Verantwortung. Aber er tut das nicht allein, sondern immer mit dem Rat der Brüder. Denn, so sagt Benedikt: "Gott gibt oft einem jüngeren Bruder ein, was besser ist"(RB, Kap 3). So soll der Abt genau hinhorchen, was Gott ihm gerade auch durch die jungen Brüder sagen will, welche neuen Aufgaben und Herausforderungen Gott dem Konvent jeweils stellen möchte. Dem Abt zur Seite steht der Prior, sein Stellvertreter. Außerdem bestimmt der Abt für die verschiedenen Aufgaben die geeigneten Mönche, so den Novizenmeister für die Ausbildung der jungen Mitbrüder, den Cellerar als Verantwortlichen für die wirtschafltichen Belange, den Gastpater, den Missionsprokurator, den Zeremoniar, den Direktor für die Schule und für das Internat, den Infirmar, der für die Betreuung der Kranken verantwortlich ist, den Bibliothekar und viele andere Dienste, die zum Gelingen einer Gemeinschaft nötig sind. Für Beratungen zieht er den Seniorat heran, der aus zehn gewählten Mönchen besteht. Alle wichtigen Entscheidungen werden jedoch in der Konventsitzung getroffen, zu der jeder Mönch geladen ist.

Senioratssitzung

33

Unser Suchen

Benedikt schärft dem Abt ein, er solle bei neu eintretenden Mönchen sorgfältig prüfen, "ob einer wirklich Gott sucht" (RB, Kap 58). Gott suchen, das heißt, niemals stehen bleiben bei äußeren Erfolgen, bei guten menschlichen Beziehungen, bei Gesundheit und seelischem Wohlbefinden. Gott suchen, heißt immer weiter fragen, alles zu Ende denken: Wonach sehne ich mich wirklich? Was suche ich in meiner Arbeit, in meinem Gebet, in der Freundschaft? Letztlich ist es immer Gott, den wir in allem suchen. Aber das ist nicht für jeden jungen Mönch schon von vornherein klar. Manche suchen eine Gemeinschaft, in der sie sich wohlfühlen, manche suchen eine sinnvolle Arbeit, bei der sie das Ergebnis ihres Tuns sehen können, manche suchen einen Raum der Stille gegen den Lärm der Welt. Aber das alles trägt auf Dauer nicht. Wenn einer nicht wirklich Gott sucht, wird er bald enttäuscht sein. Denn die Gemeinschaft eines Klosters ist nicht perfekt und die Arbeit wird bald zur Routine. Gott suchen meint, durch die Arbeit und durch die Freundschaft hindurchschauen, auf den Grund schauen. Und da werde ich letztlich immer Gott finden als den Urgrund allen Seins, als die Ursache aller Freude, als den Ursprung allen Lebens, als das Ziel aller Sehnsucht, als den, der allein unser unruhiges Herz zu beruhigen vermag.

Gott suchen heißt aber auch, ehrlich sich selbst begegnen. Im alten Mönchtum war klar, daß wir Gott nicht erkennen können, wenn wir vorher nicht uns selbst genau kennenlernen. Die ehrliche Selbsterkenntnis ist Voraussetzung für wirkliche Gottesbegegnung. Ohne Selbstbegegnung wird das Gebet oft zu einer frommen Flucht vor der Wahrheit des eigenen Lebens. Man flüchtet sich dann in fromme Gefühle hinein, aber man begegnet nicht dem wahren Gott. Gott wird nicht an mir und meiner Wahrheit vorbei gefunden, sondern nur durch sie hindurch. Ich muß meine Bedürfnisse, meine Wünsche und Sehnsüchte, mein Streben nach Glück, nach wahrer Lust annehmen, mich in sie hineinspüren und sie zu Ende denken und fühlen. Dann werde ich auf dem Grund meines Herzens Gott entdecken. Der Gott, den ich suche, ist nicht der ferne, sondern er ist in mir. Er ist in meinem Herzen oder in meinem Seelengrund, wie der Mystiker Tauler es ausdrückt. Aber oft genug ist dieser Seelengrund verschüttet, zugedeckt mit den Sorgen und Problemen des Tages, verdeckt vom Lärm der Gedanken und Gefühle. Ich bin oft selbst abgeschnitten vom Grund meiner Seele. Und so verlangt die Gottsuche, daß ich wieder in Berührung komme mit meinem wahren Kern, mit dem Ort in mir, an den weder Gedanken noch Gefühle, weder Probleme noch Menschen Zutritt haben, in dem Gott allein wohnt. Gott im Innersten seines Herzens suchen, das ist der Weg auch zum wahren Selbst, zum eigenen unverfälschten Wesen. Denn wo Gott in mir ist, da bin ich ganz echt, da berühre ich das Bild, das sich Gott von mir gemacht hat. Da können dann all die Bilder abfallen, die andere mir übergestülpt haben oder mit denen ich selbst mir mein Wesen verstellt habe. Gott befreit mich zu mir selbst. Die radikale Gottsuche des hl. Benedikt führt daher auch zu ehrlicher Selbstbegegnung und echter Selbstverwirklichung. Da komme ich wirklich zu mir selbst, da werde ich frei, echt und klar. Mönch ist einer, der sich durch keine äußeren Einflüsse von dieser radikalen Suche nach Gott und nach dem wahren Selbst abhalten läßt. Das Wort Mönch kommt von monachos, er ist einer, der allein lebt, der sich abgesondert hat, um allein Gott zu suchen. Doch Mönch kann man auch - wie es Dionysius Areopagita im 6. Jahrhundert tut - von monas ableiten, das Einheit meint. Der Mönch ist dann einer, der ein ganzer Mensch sein will, der das Getrennte in sich verbinden will, anima und animus, Gott und Mensch, Licht und Dunkel, Leib und Seele. Mönchsein zielt so schon vom Ansatz her auf den ganzen Menschen. Es ist eine Form der Menschwerdung, die in allen Völkern und Religionen als eine gute Weise des Lebens gilt.

Unser Beten

Beim Beten eines Benediktiners denken die meisten an die feierliche Liturgie und das gemeinsame Chorgebet. Aber vor allem gemeinsamen Beten steht für den Mönch das unablässige Gebet, das innere Beten, das ständige Leben in der Gegenwart Gottes. Mönch ist einer, der sich ständig mit Gott unterhält, so sagen die Alten. Und das Ziel des alten Mönchtums war das unablässige Gebet. Unablässig kann das Gebet nur sein, wenn es jenseits der Worte liegt, wenn es innerlich ist, wenn es unbewußt immmerdar im Herzen lebendig ist. Die Form des unablässigen Gebets war im Mönchtum die sogenannte ruminatio, das Wiederkäuen eines Bibelwortes. Am beliebtesten war dabei das Jesusgebet, in dem die Mönche die Zusammenfassung des Evangeliums sahen. "Herr Jesus Christus, Sohn Gottes, erbarme dich meiner", dieses Wort faßt die Heilung des Bartimäus und die Geschichte vom Zöllner und Sünder (Mk 10,46-52 und Lk 18,9-14) zusammen. Es wird mit dem Atem verbunden und unablässig gebetet, bei der Arbeit, beim Gehen durch die Gänge, beim Essen, in allen Augenblicken, in denen wir unbeschäftigt sind. Es prägt den Geist des Mönches und erfüllt ihn mit der Barmherzigkeit Gottes, die Jesus Christus verkündet und vorgelebt hat. Die ruminatio war die wichtigste Meditationsweise des alten Mönchtums. In Verbindung mit der lectio divina, der meditierenden Lesung der Heiligen Schrift, führt die ruminatio den Mönch immer tiefer in das ständige Verbundensein mit Gott und in die eigene Mitte, in der Gott selbst in ihm wohnt. Die Methoden der monastischen Meditation können den Vergleich mit östlichen Meditationsformen aushalten und führen wie sie in die gleiche Erfahrung des schweigenden Einswerdens mit Gott.

Das innere Gebet ist die Grundstimmung des Mönches. Das gemeinsame Stundengebet läßt das innere Gebet der einzelnen zusammenklingen im Singen der Psalmen. Im Stundengebet steht dabei das Lob Gottes im Vordergrund. Zu allen Zeiten des Tages loben die Mönche Gott, um zu bekennen, daß er ihr Schöpfer ist und daß es unsere höchste Aufgabe ist, Gott als unseren Schöpfer zu preisen. Darin zeigt sich ein neues Bild des Menschen. Nicht der Macher, sondern der staunende und betende, der lobende und dankende Mensch ist das Ziel des monastischen Weges. Im Loben drücken die Mönche aus, daß Gott auch heute noch die Welt trägt und daß wir die Welt mit neuen Augen sehen, wenn wir sie als Schöpfung des ewigen Schöpfers schauen. Das Loben führt in eine Gelassenheit den Problemen der Welt und des eigenen Lebens gegenüber. Wir stehen nicht unter dem Leistungsdruck, alle Probleme selbst lösen zu müssen. Der Gott, der die ganze Schöpfung trägt, trägt auch uns mit unseren Proble-

Chorgebet

men. H. Nouwen hat als Quintessenz seines siebenmonatigen Aufenthalts in einer benediktinischen Gemeinschaft erkannt: "Klöster baut man nicht, um Probleme zu lösen, sondern um Gott mitten aus den Problemen heraus zu loben." Das Lob Gottes führt auch zu einem Humor, der Abstand hat zu den Tagesproblemen und alles von einer andern Sicht her relativieren kann. Ohne Humor ist ein Leben in Gemeinschaft auf Dauer nicht möglich. So können die Mönche, die immer wieder Gott loben, gelassen leben mit ihren zwischenmenschlichen Konflikten, mit den Problemen der großen Welt. Im Singen tut sich ein Fenster auf. Und in unsere Dunkelheit fällt ein Licht vom Himmel, das uns unsere Welt sanfter und hoffnungsvoller sehen läßt.

Doch das Stundengebet ist nicht nur Lob, sondern auch stellvertretendes Bitten für alle Menschen, die vor Gott stumm geworden sind oder ihn aus den Augen verloren haben. In den Psalmen tragen die Mönche die Nöte der ganzen Welt vor Gott. Sie fühlen sich solidarisch mit allen Notleidenden. Im Beten der Psalmen werden sie eins mit ihnen und halten sie vor

Gottes Antlitz, damit sie daran heil werden. Die Mönche sind überzeugt, daß ihr stellvertretendes Beten etwas bewirkt, daß es die Menschen, die am Kloster vorbeifahren, anrührt und ihr Leben für Gott öffnet, daß es aber auch die Voraussetzungen des Lebens für die ändert, die gar nichts von ihrem Gebet wissen. Es ist eine alte Überzeugung, daß die Welt nur deshalb noch besteht, weil unablässig und an vielen Orten dieser Erde gebetet wird. Für viele Menschen ist es wichtig zu wissen, daß die Mön-

Morgentliches Conventamt

che für sie beten. Bevor sie morgens aufstehen, haben die Mönche schon für sie gebetet und damit die Voraussetzungen für ihren Tag geändert. Sie stehen nicht mehr in den Raum der Leere und Eintönigkeit hinein auf, sondern in einen Raum, der umfaßt ist vom Gebet der Mönche und durchdrungen von der Gegenwart Gottes und von der Gemeinschaft in Gott, die das Gebet bewirkt. So leben die Mönche - obwohl getrennt von der Welt - doch am Puls der Zeit. Tag für Tag tragen sie die innerste Not unserer Zeit vor Gott und erfahren von Gott her Heilung und Wandlung.

Der Höhepunkt des monastischen Betens ist die tägliche Feier der Eucharistie, für die sich die Mönche Zeit nehmen und für die sie Phantasie und Kreativität entwickeln. In der Eucharistie heben sie die Welt, die oft genug in sich verschlossen ist, in den Bereich Gottes hinein, in dem sie erst wirklich werden und zu sich kommen kann. Die Eucharistie verwandelt die Welt. In der Feier von Tod und Auferstehung Jesu wird alles Tote und Starre unserer Welt für Gott aufgebrochen und so in das Unerlöste des menschlichen Herzens die erlösende Liebe Jesu Christi hineingehalten, die heilt und befreit. In der Eucharistiefeier spielen wir uns in unsere Erlösung hinein. Und singend und spielend können wir etwas davon erahnen, daß Gott uns in Jesus Christus befreit hat von allen Fesseln, die uns gefangenhalten wollen. Die Mönche singen dabei immer wieder auch die alten Melodien des gregorianischen Chorals, der eine meditative Atmosphäre erzeugt und ihr Herz immer neu in Gott festmacht. Sie verstehen ihre feierliche Liturgie als Eintauchen in die himmlische Liturgie, die ewig vor Gottes Angesicht dargebracht wird. So haben wir teil am Lob all der Mönche, die vor uns an diesem Ort Gottes Lob gesungen haben. So entsteht eine Gemeinschaft mit denen, die schon bei Gott sind. Ihre Herrlichkeit scheint in unser oft armseliges Lob hinein. Und wir fühlen uns verpflichtet, gemeinsam mit ihnen hier in dieser Welt das Lob Gottes immer wieder neu erklingen zu lassen.

Wir glauben, daß auch unser Lob eine ähnliche Wirkung haben kann wie das des gefangenen Paulus. Im Gefängnis von Philippi singen Paulus und Silas um Mitternacht Loblieder. "Plötzlich begann ein gewaltiges Erdbeben, so daß die Grundmauern des Gefängnissen wankten. Mit einem Schlag sprangen die Türen auf, und allen fielen die Fesseln ab." (Apg 16,26) Das ist ein Bild für unser gemeinsames Lob. Da gerät etwas in Bewegung. Das Gefängnis, in dem wir uns gefangen fühlen, das Gefängnis unserer Gedanken und Probleme, es wird erschüttert, die Türe, die uns von unseren inneren Räumen trennt, tut sich auf, und alles, was uns in dieser Welt fesselt, fällt ab. Im Lob fühlen wir uns frei und wir glauben, daß von unserem gemeinsamen Lob eine Bewegung ausgeht, die wie ein Erdbeben etwas lockert im festgefahrenen Gefüge menschlicher Meinungen und Überzeugungen. Und durch das Loben entsteht ein neues Miteinander. Paulus und Silas sprechen die ganze Nacht mit ihrem Gefängniswärter und schließlich taufen sie ihn und sein ganzes Haus. Gebet stiftet Gemeinschaft über alles Trennende hinweg.

Unser
Arbeiten

Benedikt will, daß die Mönche von ihrer eigenen Hände Arbeit leben und daß sie mit ihrer Arbeit andern Menschen dienen. Die Arbeit ist für Benedikt kein Gegensatz zum Gebet, sondern die Fortsetzung in den Alltag hinein. Die Arbeit ist ein Test, ob das Gebet echt ist oder nicht. Eine gesunde und kreative Arbeit zeigt, daß auch die Frömmigkeit stimmt. Eine Frömmigkeit, die vor den Aufgaben des Tages davonläuft, läuft auch Gott davon. Die Arbeit ist für die Mönche eine wichtige Quelle der Selbsterkenntnis. Wenn ich lauter linke Hände habe, weist das auf etwas in meiner Seele hin, das nicht in Ordnung ist. Wenn ich mir ständig die Finger irgendwo einquetsche, ist das ein Zeichen für meine innere Zerrissenheit. Das äußere Tun spiegelt das Innere der Seele wider. Das benediktinische ora et labora führt so zu einer nüchternen und realistischen Frömmigkeit, zu einer "geerdeten Frömmigkeit", die sich nicht nur auf fromme Gefühle erstreckt, sondern auch die Welt so gestaltet und formt, daß darin etwas von der Erlösung durch Jesus Christus sicht-

Brüder bei Reparatur eines Mähdreschers

bar wird. Benedikt ist skeptisch gegenüber jeder frommen Flucht in eine religiöse Gefühlswelt. Die Spiritualität, die er verkündet, durchdringt den ganzen Menschen, nicht nur sein Denken und Fühlen, sondern auch sein Handeln und Gestalten, nicht nur seine Seele, sondern auch seinen Leib. Von der Arbeit unserer Hände sollen wir nach dem Willen des hl. Benedikt leben. Wir sollen uns unsern Lebensunterhalt selbst verdienen, um so innerlich frei zu sein und um damit auch andern helfen zu können. So ist die Abtei auf dem Prinzip der Selbstversorgung aufgebaut. Sie hat

46

einen eigenen Brunnen für das Wasser, sie gewinnt aus dem von den Mönchen im 12. Jahrhundert gegrabenen Kanal eigenen Strom und sie betreibt eine Biogasanlage, die aus dem Stallmist Energie gewinnt. Allerdings reichen weder Strom noch Biogas aus, um die vielen Werkstätten zu versorgen. Die Landwirtschaft und Gärtnerei - teilweise biologisch beführt - dienen dem Lebensunterhalt. Bäckerei, Metzgerei und Küche verarbeiten die eigenen Erzeugnisse. Über 80% der Lebensmittel sind selbst erzeugt. Die 20 Handwerksbetriebe dienen einmal dem eigenen Lebensunterhalt, zum andern bilden sie seit Jahren Lehrlinge aus und haben so eine wichtige Erziehungsaufgabe. Da gibt es Maurer, Tünchner, Elektriker, Kfz-Mechaniker, Spengler, Landmaschinenmechaniker, Schmiede, Schlosser, Schreiner, Zimmerer, Schneider, Schuhmacher, Goldschmiede, Metalldrucker und Töpfer. Als Gewerbebetrieb, der auch fremde Aufträge annimmt, wird der Vier-Türme-Verlag geführt, der Druckerei, Verlag und Buchhandlung umfaßt. In den meisten Werkstätten arbeiten Mönche zusammen mit den Lehrlingen und einigen Angestellten. Sie versuchen, ein Betriebsklima zu schaffen, in dem Menschen gerne arbeiten. Das ist gegenüber aller Rationalisierung auf Dauer immer noch die beste Bedingung für ein effektives Arbeiten.

in der Hand-
buchbinderei

Die Kunstwerkstätten haben in der Abtei eine lange Tradition. Schon beim Kirchbau wurden alle Steinmetzarbeiten und Goldschmiedearbeiten selbst gefertigt. Die Bildhauerei beschäftigte allein vier Mönche, von denen allerdings drei im Krieg fielen. Die Goldschmiede entwickelte

47

einen eigenen Stil, der auf dem Kanon der Ägypter aufbaute. Die Arbeit ist nicht nur Dienst, sondern auch Kreativität, schöpferisches Nachahmen der Schönheit von Gottes Schöpfung und Gestalten von geistigen Ideen. Aber genauso wichtig wie die auffallenden Arbeiten in den Werkstätten sind die vielen Dienste, ohne die ein menschliches Miteinander nicht möglich ist: die Dienste im Haus wie Putzen und Instandhalten, der Pförtner, der Tag und Nacht für die Gäste bereit ist, die Krankenwärter, die die alten und kranken Mitbrüder betreuen, und viele andere Dienste mehr. Unauffällig arbeiten so viele Mönche, "damit im Hause Gottes niemand verwirrt oder traurig wird." (RB Kap 31) Das soll nach dem hl. Benedikt das Ziel allen Arbeitens sein: daß Friede zwischen den Menschen entstehe, daß jeder das bekomme, was er brauche, daß man behutsam mit den Menschen und den Dingen umgehe. So fordert Benedikt vom Cellerar: "Alle Geräte des Klosters und den ganzen Besitz betrachte er wie heilige Altargefäße. Nichts möge er vernachlässigen." (RB Kap 31) Benediktinische Arbeit ist von der Ehrfurcht vor dem Menschen und vor der Schöpfung geprägt. Die Schöpfung wird nicht ausgebeutet, sondern mir Sorgfalt und Ehrfurcht behandelt, sie wird in Verantwortung vor Gott gehegt und gepflegt, damit sie dem Menschen Heimat sein kann.

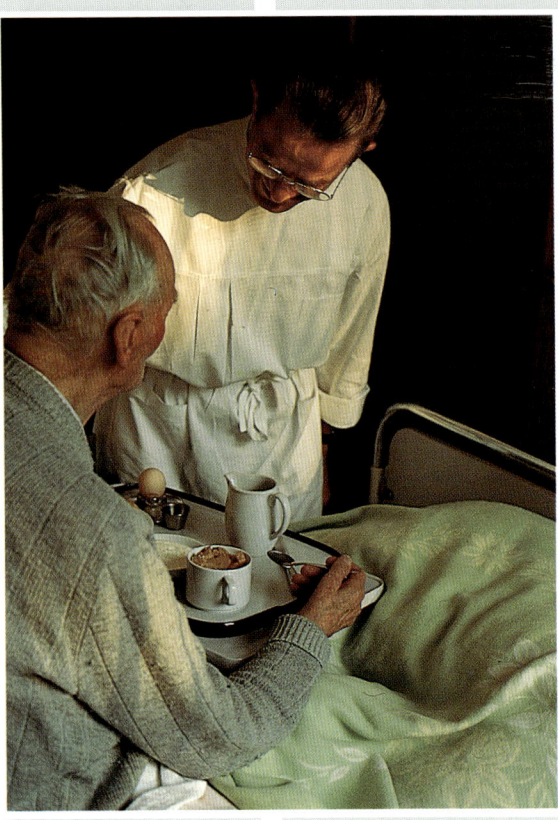

in der Krankenabteilung

Unser
Miteinander

Benedikt will nicht den Einzelkämpfer, sondern eine Gemeinschaft von Brüdern, die miteinander Gottes Barmherzigkeit verkünden. Jesus hat seine Jünger nicht umsonst zu zweit ausgesandt. Denn was Barmherzigkeit ist, das kann man nur im Miteinander erfahren und glaubhaft verkünden. Das Miteinander ist bei Benedikt geprägt von einer großen Ehrfurcht vor dem Geheimnis des andern. Benedikt ist überzeugt, daß wir im Bruder Christus begegnen. Wir sind ja in Gefahr, den Bruder nur durch die Brille unserer negativen Projektionen zu sehen. Benedikt schärft uns ein, diese Projektionen abzuschütteln und den andern wach mit den Augen des Glaubens zu sehen. Die Fehler, die mir beim andern in die Augen fallen, sind nur ein Teil von ihm, sie bilden nur die Oberfläche. Dahinter ist ein guter Kern, da ist zumindest die Sehnsucht, gut und echt zu sein, da ist ein göttlicher Kern, ein göttlicher Funke, da ist Christus selbst als das letzte Geheimnis eines jeden Menschen, als das Geheimnis, das jeden übersteigt. Von diesem Glauben her traut Benedikt dem einzelnen etwas zu. Er glaubt an das Gute in ihm und gewährt ihm so einen Raum, in dem sich die Fähigkeiten und Möglichkeiten des einzelnen entfalten können.

Neben der Ehrfurcht und dem Glauben an Christus im Bruder ist noch ein anderer Gedanke entscheidend für das benediktinische Miteinander: das Leben miteinander teilen. Wir stehen nicht alleine vor Gott, sondern miteinander. So sind wir füreinander verantwortlich und gehen gemeinsam unsern Weg zu Gott. Die Gemeinschaft zeigt sich im gemeinsamen Beten und Arbeiten, im gemeinsamen Mahl und in den Diensten füreinander. Sie zeigt sich auch ganz konkret in der Gütergemeinschaft. Denn Besitz trennt auch vom andern. Alle Güter miteinander teilen ist so die konkrete Verwirklichung des Miteinanders, wie es Jesus uns verkündet und wie es uns die Urkirche vorgelebt hat. Aber es geht nicht nur um das Teilen der materiellen Güter, sondern auch darum, daß wir unsere Gedanken und Gefühle, unsere Einsichten und Erfahrungen, unsere Freude und unsern Schmerz, unsere Stärken und unsere Schwächen miteinander teilen. Wenn wir etwas zurückbehalten, wird es der Lebendigkeit der Gemeinschaft fehlen. Gerade die Schwächen, die wir mit der Gemeinschaft teilen und vor ihr zugeben, machen die Gemeinschaft lebendiger und echter. Da wird Gemeinschaft nicht zu einer Ideologie, die uns überfordert, sondern zu einem angstfreien Raum, in dem jeder er selbst sein darf und sich getragen weiß von seinen Brüdern.

Das Miteinander erstreckt sich jedoch nicht nur auf die Gemeinschaft der Mönche untereinander, sondern auch auf die Menschen, die ständig mit uns leben, mit den Angestellten und Gästen, und vor allem mit den Schülern und Lehrlingen, die in unseren Internaten wohnen, und mit den Schülern, die Tag für Tag zu uns kommen. Unser Erziehungskonzept ist von diesem benediktinischen Miteinander geprägt, von der Ehrfurcht vor dem Geheimnis des einzelnen und vom Teilen unseres Lebens, damit jeder am Reichtum des andern Anteil hat. Benediktinisch erziehen meint, den jungen Menschen zu ermöglichen, ihre eigene unantastbare Würde zu entdecken, die Christusgestalt in sich zu sehen und im Miteinanderteilen den Reichtum menschlichen Lebens und menschlicher Liebe zu erfahren. Seit der Wiederbesiedlung der Abtei haben die Mönche junge Menschen im Schüler- und Lehrlingsinternat erzogen und sie in der Berufsschule und im Gymnasium ausgebildet. Die Berufsschule wurde 1970 auf Grund der neuen Ausbildungssituation wieder aufgegeben. Heute steht das Gymnasium im Mittelpunkt des pädagogischen Tuns. Anfangs war das Gymnasium nur für den Klosternachwuchs gedacht, doch seit 1970 wurden auch externe Schüler

Vater Abt Fidelis beim Internatsfest

53

aufgenommen. Auf Drängen vieler Schülereltern wurde dann 1982 das Gymnasium bis zum Abitur als humanistisch-neusprachliches Gymnasium ausgebaut. Es zählt etwa 650 Schüler. Das Gymnasium steht in der langen Tradition der benediktinischen Klosterschulen. Es will nicht einfach andere Schulen kopieren, sondern der Erziehung und Bildung einen benediktinischen Akzent geben. So wurde ein eigenes Schulkonzept entwickelt, das dem benediktinischen Motto "Ora et Labora" entsprechend vor allem auf die musischen, religiösen und gemeinschaftlichen Aspekte der Schüler Wert legt. So werden in der Unterstufe Elemente der Walldorfpädagogik eingesetzt, wie Eurhythmie und Leibarbeit. In der Mittelstufe ist für alle das Erlernen einer handwerklichen Technik Pflicht, und zwar im Bereich Holz, Ton und Textil. In der Oberstufe kann sich der Schüler dann spezialisieren in Musik, Religion, Sport, dramatischem Gestalten und Ökologie. In allen Jahrgangsstufen wird besonders Wert auf das Theaterspielen gelegt, das ein integraler Bestandteil der Erziehungskonzeption ist. Religiöse Angebote wie Besinnungstage, tägliche Meditation, Frühschicht, Gottesdienste und Mitfeier der Klosterfeste geben dem Ora Raum. Das Labora wird nicht nur im Lernen und Mitarbeiten im Unterricht verwirklicht, sondern auch in konkreter Mithilfe bei der Pflege der Anlagen, oder beim Füttern und Reinigen der vier Pferde, die die Schule für den Sportunterricht hält. So versucht die Schule, neue Akzente bei der Erziehung und Formung der jungen Menschen zu setzen und nicht einfach die staatlichen Schulen nachzuahmen. Dabei ist der ganze Mensch angesprochen, nicht nur seine intellektuellen Fähigkeiten, sondern seine emotionalen und religiösen Seiten, seine Gemeinschafts-

Schul-Theaterspiel "Il Pazzo"

54

bezogenheit und seine Beziehung zur Natur. Der ganzheitliche Ansatz des pädagogischen Konzepts entspricht der benediktinischen Tradition, die immer den ganzen Menschen im Blick hatte und für ihn Heil und Heilung wollte.

Neben der Schule wird in den beiden Internaten für die Schüler und Lehrlinge intensive Erziehungsarbeit geleistet, die von ähnlichen Motiven gelenkt wird wie die Ausbildung in der Schule. Auch hier soll der junge Mensch vor allem gemeinschaftsfähig werden, urteilsfähig, selbständig, behutsam im Umgang miteinander und mit der Schöpfung, klar, eindeutig und offen für Gott. Mönche und Schüler teilen das tägliche Leben miteinander und lernen so voneinander und fordern sich gegenseitig heraus. Für die Mönche ist die Erziehungsaufgabe eine ständige Anfrage an das eigene Leben und an den Erfahrungsschatz, den die benediktinische Tradition gerade in der Erziehung von Menschen gesammelt hat.

Unser Füreinander

Die Mönche leben ihr Leben nicht für sich, sondern für Gott und für die Menschen, mit denen sie sich solidarisch fühlen. Die benediktinische Form des Füreinanders in der Seelsorge ist seit jeher die Gastfreundschaft. In unserem Gästehaus bieten wir vielen Menschen einen Raum an, in dem sie ihr Leben für einige Tage mit uns teilen können. Sie können an unseren Gebetszeiten teilnehmen, an unserer Arbeit, sofern sie das möchten, und sie können im Gespräch mit uns nach neuer Orientierung für ihr Leben suchen. Gerade das Eintauchen in eine andere Welt, in eine sehr geprägte Lebensform, ist für viele eine Anfrage, ob das Leben, das sie führen, so richtig sei. Immer mehr Menschen nehmen unsere Einladung an und suchen bei uns Ruhe und Stille, einen Raum, in dem sie angenommen werden, wie sie sind, ohne daß sie irgendwelchen religiösen oder moralischen Forderungen entsprechen müßten, einen Raum, in dem einer für sie Zeit hat und ihnen zuhört. Und sie suchen einen Raum, in dem sie Gott finden können. Eine große Gottessehnsucht treibt die meisten Menschen hierher. Und oft stehen wir in Ehrfurcht vor der ehrlichen Gottsuche, die viele bewegt.

Wir verstehen unsere Seelsorge nicht zuerst als Mitteilen von religiösen Informationen oder als moralische Appelle an den guten Willen, sondern als gemeinsame Suche nach dem Gott, der allein unsere Sehnsucht zu erfüllen vermag. Wir verstehen uns nicht als die, die mehr Erfahrung haben, sondern als die, die mit den suchenden Menschen ihr Leben teilen, die gemeinsam mit ihnen nach dem Gott suchen, der uns unser Leben lang umtreibt. Das Miteinander und Füreinander wird vor allem im gemeinsamen Stundengebet erfahrbar. Da haben die Gäste teil an unserm Beten und Suchen nach Gott. Da wird einer vom andern getragen. Keiner muß in Höchstform sein. Jeder darf eintauchen in das Gebet, das nicht nur wir Mönche miteinander beten, sondern in dem wir hineinreichen in das größere und ewige Gebet der Engel und Heiligen vor Gott. So werden Menschen mit ihrer Sehnsucht nach einer andern Dimension in ihrem Leben hineingehoben in den Raum des Gebetes, in dem sich ein Fenster auftut, durch das ab und zu der Himmel durchscheint. Unsere Gäste können im Gästehaus wohnen und an unserem Beten und Arbeiten teilnehmen. Aber wir laden auch zu besonderen Kursen ein, in denen wir die Spiritualität weitergeben möchten, aus der wir leben und in der wir die heilende Wirkung des benediktinischen Lebens erfahren durften. Die benediktinische Spiritualität ist dabei eine aufbauende und hoffnungsvolle, eine optimistische und zugleich realistische, eine, die den ganzen Menschen ernst nimmt, seinen Leib und seine Seele, seinen Verstand und sein Gefühl, das bewußte Denken und sein Unbewußtes in den Träumen. Die benediktinische Spiritualität vermittelt etwas von der frohen und befreienden Botschaft Jesu. Sie ist nicht moralisierend, sondern mystagogisch, sie führt ein in das Geheimnis Gottes und in das Geheimnis des Menschen, sie will hinlenken zu einer intensiven Gotteserfahrung und zu einer neuen Selbsterfahrung, zur heilsamen Selbsterfahrung des erlösten und von Christus befreiten Menschen.

Arbeitskreis beim Osterkurs

Seit der Wiederbesiedlung der Abtei haben sich Jugendliche um die Abtei geschart. Sie haben im Dritten Reich dort eine geistige Heimat gefunden, in der sie ihren Glauben leben konnten. Sie haben nach dem Krieg dort ihre ersten großen Treffen veranstaltet und haben in der Mitfeier der Liturgie immer wieder neue Kraft für ihr Leben geschöpft. Nach dem Konzil riß der Kontakt zur Jugend erstmals ab. Doch seit über 10 Jahren strömen immer mehr junge Menschen in die Abtei, entweder zu den großen Jugendkursen, oder zur monatlichen Jugendvesper oder einfach zu einem Mitleben und Mitarbeiten mit den Mönchen. Für viele ist Münsterschwarzach zu einer geistlichen Heimat geworden. Hier finden sie angstfreie Räume, in denen der Glaube authentisch gelebt wird, in denen sie ihre eigenen Ideen und Vorstellungen einbringen können, in denen sie aber zugleich mit einer vorgegebenen Tradition konfrontiert werden, die sie herausfordert und nachdenklich macht. Vor allem zur Mitfeier der Kar- und Ostertage kommen viele Jugendliche aus

ganz Deutschland, um hier das Geheimnis von Christi Auferstehung zu erfahren. Die neue Abteikirche ist eine Osterkirche. Sie ist Christus, dem Salvator, dem Sieger über Sünde und Tod geweiht. Hier geht vielen auf, daß Christus in seiner Auferstehung alle unsere Dunkelheiten erleuchtet und unsere Fesseln sprengt. Auch der Silvesterkurs ist bei vielen jungen Menschen beliebt. Sie möchten den Jahreswechsel schweigend und betend begehen, anders als es sonst in unserer Gesellschaft üblich ist. Zu Pfingsten ist das missionarische

Thema im Vordergrund. Und im August laden wir zu einer Wanderung mit der Bibel ein und zu einem Kurs "Ora et Labora", in dem sie unser konkretes Leben mit uns teilen.

Die monatliche Jugendvesper jeden dritten Freitag im Monat um 19.30 Uhr zieht seit 1982 immer zwischen 100 und 250 Jugendliche an. Hier singen sie mit den Mönchen Psalmen, aber auch moderne Lieder. Da ist Raum für ihr persönliches Beten, für Stille und für eine Predigt, die versucht, auf die Anliegen der Jugendlichen einzugehen. Wer weiter geistliche Anregungen erhalten möchte, kann den Rundbrief OSTER-

NACHT erhalten und so in Verbindung mit dem Beten und Suchen der Mönche bleiben. Seit ein paar Jahren hat die Abtei für die Jugend auch ein eigenes Haus mit Selbstversorgung eingerichtet, das zunehmend von Jugendgruppen und Schulklassen, aber auch von Familienkreisen genutzt wird. Wir wollen den Jugendlichen hier keine heile Welt vorspielen, sondern sie in ihrer Gottessehnsucht begleiten, ihnen die befreiende Kraft des Glaubens erfahrbar machen und sie in neuer Weise Kirche erleben lassen, eine Kirche, die nicht reglementiert, sondern die Raum bietet für Leben und Freude, für Echtheit und Freiheit. Was wir den jungen Menschen vermitteln wollen, ist das, wozu uns Benedikt einlädt: Die Lust am Leben. Viele junge Menschen haben diese Lust verloren. Sie müssen das Leben erst leise wieder lernen und von neuem entdecken, daß der Glaube, den Jesus uns verkündet, die Lust am Leben schenken will. Denn Jesus ist gekommen, uns das Leben zu bringen, und zwar das Leben in Fülle. (Vgl. Joh 10,10)

Unser Füreinander zeigt sich auch in der Seelsorge an den Menschen in der unmittelbaren Umgebung des Klosters. Über 15 Dörfer werden seelsorglich von der Abtei betreut. Außerdem kommen von weither viele Menschen zum Beichten. Während die Beichtstühle in den Pfarreien oft leer bleiben, sind sie bei uns gefüllt. Viele kommen auch zum Beichtgespräch oder einfach zum seelsorglichen Gespräch, wenn sie alleine nicht mehr weiterwissen. Sie suchen nach Menschen, die Zeit für sie haben, die ihnen zuhören und die versuchen, sie zu verstehen und ihnen einen Rat zu geben. Gerade viele junge Menschen kommen zum Beichtgespräch. Sie spüren oft, daß sie haltlos und orientierungslos geworden sind. Und sie geben sich nicht zufrieden mit frommen Floskeln. Sie wollen Echtheit und Überzeugtsein erleben, um ihrem Leben eine neue Richtung geben zu können. Auch Menschen in Krisensituationen kommen häufig, Menschen in der Krise der Lebensmitte, Menschen, deren Ehe zu scheitern droht oder schon gescheitert ist, Geschiedene, die sich im Raum der Kirche oft heimatlos fühlen, und viele, die in innere Nöte geraten sind und ihre Hoffnung sonst nicht auf die Kirche setzen.

Unsere Sendung

Die Abtei Münsterschwarzach wurde von Mönchen aus St. Ottilien wiederbesiedelt, die sich als ihre Hauptaufgabe die Missionsarbeit gestellt hatten. So hat die Abtei seit ihren Anfängen immer wieder Mönche als Missionare ausgesandt. Zur Zeit sind von den etwa 260 Mönchen fast 100 im Missionseinsatz. Am Anfang übernahmen die Mönche der Missionskongregation von St. Ottilien große Missionsgebiete, vor allem in Tanzania, um dort die Kirche aufzubauen und die Menschen in Pfarreien zu betreuen. In den 100 Jahren Mission (seit 1888) wurde vor allem in Tanzania Großes geleistet. Und die Kirche steht heute wohlgeordnet und lebendig da.

Abtei Peramiho in Tanzania

Die Mönche versuchten aber von Anfang an, benediktinische Missionsarbeit zu leisten. So gründeten sie im Missionsgebiet Abteien als Zentren für die Seelsorgsarbeit im ganzen Land. In Tanzania entstanden die Abteien Ndanda und Peramiho, die heute mit ihren zahlreichen Werkstätten, Schulen und Krankenhäusern wesentlich größer sind als die Heimatabteien. Sie sind heute Zentren des geistlichen Lebens und zugleich intensiver Entwicklungshilfe auf dem landwirtschaftlichen und handwerklichen Gebiet. Denn es wurden nicht nur Priester in die Mission ausgesandt, sondern fast ebensoviele Brüder, die von Anfang an einen segensreichen Entwicklungsdienst geleistet haben. So wurde in allen Klöstern die Landwirtschaft aufgebaut und neue Formen des Anbaus und der Tierpflege weitergegeben. In den großen Handwerkerschulen wurden zahlreiche einheimische Schreiner, Maurer, Elektriker, Schlosser, Kfz-Me-

64

chaniker, Schneider und Schuhmacher ausgebildet, die heute eine eigene Mittelschicht darstellen. Auch hier wurde immer der ganze Mensch gesehen, mit Leib und Seele. Der ganzheitliche Ansatz Benedikts zeichnet die benediktinische Mission vor der anderer Missionsorden aus.

Nach den großen Missionsgebieten in Tanzania wurde schon 1921 ein Gebiet in Südafrika übernommen. Dort wurden die Mönche von Anfang an mit dem Problem der Apartheid konfrontiert. Ihre Antwort auf die Rassentrennung ist das Zusammenleben in einem gemischten Konvent, in dem fünf verschiedene Rassen versuchen, friedlich miteinander ihr Leben zu teilen. Die Mönche sahen in der gediegenen Ausbildung der Schwarzen eine wesentliche Hilfe für die Überwindung der Gegensätze zwischen den Rassen.

Jugendarbeit in der Abtei Waegwan/Korea

1909 wurden Mönche nach Nordkorea und in die Mandschurei ausgesandt, die dort ein blühendes monastisches und kirchliches Leben aufbauten, das aber durch die Kommunisten 1949 jäh unterbrochen und zerstört wurde. Erst in den letzten Jahren wurden einige der damaligen Christen im Norden Chinas wieder von unseren Mitbrüdern besucht und in ihrem Glauben gestärkt und ermuntert. Ab 1953 bauten die ehemaligen Koreamissionare, von denen viele in den kommunistischen Konzentrationslagern ermordet wurden, in Südkorea die Abtei Waegwan und einige Pfarreien und kleinere Klöster im Land wieder auf. Heute ist die Kirche Koreas eine der blühendsten im asiatischen Raum.

65

Seit 1923 arbeiteten Mönche der Abtei Münsterschwarzach auch in Südamerika, in Venezuela und Kolumbien. Damals führte die Abtei St. Josè in Avila eine Schule und verschiedene Heime. Heute hat sie im Innern des Landes einen Neubeginn gewagt und möchte die Option für die Armen, die ja gerade in Südamerika ein so brennendes Anliegen geworden ist, auf neue Weise verwirklichen, indem sie ein spirituelles Zentrum für die dortige Kirche werden möchte.

Obwohl seit dem Konzil der Nachwuchs für die Heimatklöster weniger wurde, gründete man in den letzten Jahren in verschiedenen Gebieten neue Klöster und übernahm neue Aufgaben. So begannen einige Missionare, sich im Keriotal in Kenia niederzulassen. Dort gab es noch keine Christen, so daß hier erst langsam Kirche entstehen konnte. In Nairobi wurde ein Kloster gegründet, in dem Afrikaner und Europäer gemeinsam den Bedürfnissen der Ortskirche Rechnung tragen durch ein Bildungszentrum. In Uganda wurde trotz widriger politischer Verhältnisse ein kleines Kloster aufgebaut, das von Anfang an afrikanisch konzipiert wurde. In Togo schloß sich eine kleine Gemeinschaft von jungen Afrikanern unserer Kongregation an, um von uns spirituelle Impulse zu erhalten. Und auf den Philippinen wurde zusammen mit zwei koreanischen Mitbrüdern ein Kloster gegründet, das schon nach einigen Jahren einheimischen Nachwuchs bekam. Es will einmal durch sein Exerzitienhaus der religiösen Vertiefung dienen, zum andern durch landwirtschaftliche Ausbildungsprojekte der dortigen Bevölkerung auch ein Stück Entwicklungshilfe anbieten.

Am Anfang der Kongregationsgeschichte übernahmen die Mönche große Missionsgebiete, um die Menschen für Christus zu gewinnen und um dort eine lebendige Kirche aufzubauen. Heute hat sich unser Missionsstil geändert. Wir übernehmen keine Gebiete mehr, sondern gründen kleine Klöster, die von vornherein Einheimische aufnehmen und die für die Ortskirche einen Raum des geistlichen Lebens schaffen. Die Kirche braucht gerade in der Dritten Welt Klöster, die das kontemplative Element leben und so ein Gegengewicht gegen die oft allzu aktive

Missionsarbeit bieten. Eine Kirche ist nicht vollständig, wenn in ihr nicht kontemplative Gemeinschaften Kirche im Kleinen vorleben. Dabei sind die Klöster nicht nur spirituelle Zentren, in die sich Priester und Laien zur Glaubensvertiefung zurückziehen können, sondern zugleich Orte wirksamer und dauernder Entwicklungshilfe. In den Klöstern wird nicht Entwicklungshilfe von oben herab geleistet, sondern die Mönche teilen ihr Leben und ihr Wissen mit den Armen und suchen gemeinsam mit

Lehrlingsausbildung in Peramiho durch einen Bruder aus Münsterschwarzach

ihnen nach Wegen der Weiterentwicklung. In diesen Klöstern wird die Option für die Armen verwirklicht. Denn die benediktinische Stabilitas bedeutet, daß die Mönche sich an dem Ort ihres Klosters einwurzeln und so wirklich auf Dauer ihr Leben mit den Armen teilen. Gleichzeitig sind sie ein Ort der Hoffnung für die Bevölkerung. Denn da sehen sie am konkreten Beispiel, was möglich wird, wenn Menschen nicht gegeneinander sondern miteinander und füreinander leben und beten und arbeiten. Die Aufgabe der Mission ist heute nicht in erster Linie, neue Menschen für Christus zu gewinnen, sondern in jedem Volk lebendige Kirchen einzupflanzen und überall die befreiende und frohe Botschaft Christi zu verkünden und im Leben darzustellen. Die Menschen werden durch das Christentum ihrer eigenen Kultur nicht entfremdet, sondern sie werden in ihrer tiefsten Sehnsucht angesprochen und erfahren in Jesus Christus die Erfüllung ihres eigenen Glaubens. Ihr Glauben wird ihnen nicht genommen, sondern er wird verwandelt und in den Glauben Jesu hinaufgehoben, um in Christus zu erfahren, was unbewußt im

68

Glauben immer schon intendiert war. Wer die Angst der Afrikaner erlebt hat, weiß, daß die Verkündigung der Frohen Botschaft die Menschen wirklich zu befreien vermag und sie ihre unantastbare Würde entdecken läßt. Es wird ihnen nicht abendländisches Denken und europäische Zivilisation vermittelt, sondern christliche Botschaft, die in ihre Kultur hinein gesprochen und somit inkulturiert wird. Wir sehen es als unsere Aufgabe, unser Leben nicht nur mit den suchenden und fragenden Menschen hier in Deutschland zu teilen, sondern gerade auch mit den an den Rand Gedrängten und mit den Benachteiligten in der Dritten Welt. Wir wollen überall auf der Welt unseren Glauben leben, unser Leben teilen und das unablässige Gebet überall hintragen, damit an allen Orten Gottes heilende und befreiende Gegenwart erfahren werden kann.

In der Missionsarbeit sind wir nicht nur die Gebenden, sondern genauso die Empfangenden. Wir empfangen vom Reichtum anderer Völker, von ihren Erfahrungen, von ihrem Lebensstil, von ihrer Denkweise und von ihrer Spontaneität. Und wir erleben in der Begegnung mit ihnen auch eine Vertiefung unseres Glaubens, weil sie durch ihr Verständis Christi uns oft auf Aspekte hinweisen, die wir übersehen haben. Dabei werden nicht nur die Missionare beschenkt, sondern auch die Mönche in der Heimat. Auch unser Leben ändert sich durch den Kontakt mit vielen Völkern und durch die Begegnung mit den Missionaren und den Besuchern aus der Dritten Welt, die manchmal auch einige Zeit mit uns ihr Leben teilen. Die Mission macht uns sensibel für die politischen und wirtschaftlichen Verhältnisse in andern Ländern, für den eigenen Lebensstil und seine Beziehung zur Ausbeutung der Dritten

Welt. Und sie bereichert unser Beten, weil wir darin nicht nur um uns kreisen, sondern hingeordnet sind auf die Anliegen vieler Menschen in der weiten Welt, für die wir konkrete Verantwortung übernommen haben.

Um eine möglichst wirkungsvolle Unterstützung der jungen Kirchen und der in ihnen wirkenden Missionare bemühen sich die Missionsprokuren in der Abtei und in den abhängigen Häusern Damme und Schuyler/USA. Sie fördern das Missionsverständnis und -bewußtsein in der eigenen Ortskirche, vermitteln personelle und materielle Hilfen, pflegen den Kontakt zu den Missionaren und helfen, Beziehungen zwischen Gemeinden verschiedener Länder aufzubauen. Jedes Jahr werden große Mengen an Maschinen und Ersatzteilen vor allem nach Tanzania verschickt, um die dortige Seelsorge wirksam zu unterstützen und um eine effektive Entwicklungshilfe zu gewährleisten.

Unser
Dank

Die Abtei Münsterschwarzach wäre nicht das geworden, was sie heute ist, wenn ihr nicht von Anfang an treue Freunde zur Seite gestanden hätten. Sie haben unsere Arbeit für das Evangelium in der Dritten Welt, aber auch unsere Aufgaben in der Heimat wirksam unterstützt. Zwar soll sich ein Benediktinerkloster durch der eigenen Hände Arbeit ernähren. Aber bei den vielen Aufgaben, die wir für andere leisten, ohne daß sie ausreichend bezahlt werden, etwa Erziehung in Schule und Internat, Seelsorge und Jugendarbeit, sind wir auf Unterstützung angewiesen. Vor allem aber hätte ein so großes Missionswerk ohne die tatkräftige Mithilfe vieler Menschen nicht in so kurzer Zeit entstehen können. Viele stillen Beter teilen unsere Sorgen und tragen durch finanzielle Opfer das Werk mit, das zu Gottes Ehre und zum Heil der Menschen vollbracht wird.

stille Anbetung vor dem Tabernakel

Unsere Missionszeitschrift "Ruf in die Zeit" informiert unsere Förderer und Freunde über die Arbeit der Missionare in der Driten Welt. Sie berichtet über die Situation der dortigen Christen und über seelsorgliche, soziale und landwirtschaftliche Projekte, mit denen unsere Mitbrüder dort sinnvoll zu helfen versuchen.

Viele Freunde und Wohltäter lassen sich durch den Münsterschwarzacher Bildkalender durch das Jahr führen. Mit aufeinander abgestimmten Bildern, Sprüchen und Texten versucht er, unsere Zeit und Welt aus christlicher Sicht zu deuten und Hilfen zu geben für die Bewältigung des Alltags, um diesen so immer wieder neu für Gott aufzuschließen.

Tag für Tag danken wir Gott im gemeinsamen Lobgesang für die vielen

72

Menschen, die sich mit uns verbunden fühlen und uns tatkräftig unterstützen. Und wir bitten Gott im Chorgebet und im stillen persönlichen Gebet, daß er ihnen in ihren eigenen Schwierigkeiten beistehe und sie durch seine liebende und heilende Nähe beschenke und beschütze.

Viele Freunde haben sich der Abtei in besonderer Weise verbunden. Da sind die Weltoblaten, die ihr Leben gemäß den Idealen der Regel St. Benedikts in der Welt zu gestalten versuchen und so in besonderer Weise unser Dasein und Wirken begleiten. Da ist der "Münsterschwarzacher Kreis", aktive katholische Laien, die aus unseren Internaten und aus unserer Schule hervorgegangen sind, und sich weiterhin mit der Abtei und ihren Aufgaben eng verbunden fühlen. Und da sind die vielen Jugendlichen, die regelmäßig zu den Kursen kommen und sich durch den geistlichen Rundbrief OSTERNACHT in ihrem geistlichen Leben von uns anregen und leiten lassen. Und es sind die Vielen, die sich für unsere Spiritualität interessieren, unsere Bücher und Zeitschriften lesen und so eine große geistliche Familie mit uns bilden. Auch hier gilt es, daß wir miteinander unser Leben teilen, voneinander lernen und füreinander zum Mittler des Heils werden dürfen.

Unsere
Hoffnung

1200 Jahre benediktinische Tradition in Münsterschwarzach verpflichten uns, der Vergangenheit eine Antwort zu geben, die heute bestehen kann. Wir können uns nicht ausruhen auf dem Erreichten. Wir können nicht von den Großtaten unserer Vorfahren leben, sondern wir müssen heute versuchen, das benediktinische Charisma so zu leben, daß es genau wie zur Zeit Benedikts eine Antwort auf die tiefsten Nöte unserer Zeit ist. So müssen wir immer wieder in die Menschen heute hineinhorchen und auf die Zeichen der Zeit achten, damit wir sensibel werden für das, was Gott heute von uns will. Dabei scheinen uns fünf Aspekte wichtig.

Einmal ist es die Wirklichkeit Gottes, die Benedikt in den Mittelpunkt stellt. Wir leben überall und jederzeit vor den Augen des liebenden und barmherzigen Gottes. Gott ist die eigentliche Wirklichkeit und wir sind nur wirklich, insofern wir an Gottes Sein und Wirklichkeit teilhaben. Wenn wir das nicht nur theoretisch wissen, sondern im Alltag leben, wird unser Leben heil und echt und frei. Gott ist der, der uns befreit von der Herrschaft menschlicher Erwartungen und Ansprüche. Gott läßt uns in Freiheit und Wahrheit leben. Er gibt uns den Raum, in dem wir atmen können, er bringt alles in uns ins Lot. Wenn Gott der Mittelpunkt unseres Lebens ist, finden wir selbst zu unserer eigenen Mitte. Von Gott her werden wir erst ganze und heile und freie Menschen.

Das Zweite ist die "Lust am Leben", die Benedikt als Grundlage des monastischen Lebens gesehen hat. Heute leiden viele Menschen an Frustration, an depressiven Stimmungen, an dem Gefühl der Leere und Sinnlosigkeit. Ihr Leben ist reduziert. Andere versuchen dieser Leere zu entfliehen, indem sie sich ausleben und sich damit ständig überfordern. Benedikt will uns die Lust am Leben lehren, indem er uns ganz in den Augenblick verweist. Wenn ich ganz im Augenblick lebe, ganz gegenwärtig bin vor dem gegenwärtigen Gott, dann wird mein Leben intensiv. Im Augenblick sein heißt mit allen Sinnen da sein, mit allen Sinnen mich und die Menschen, die Natur und Gott als den Urgrund allen Seins wahrnehmen. Wenn ich ganz im Augenblick bin, bin ich ganz in meinem

Leib, ganz in meinen Sinnen, ganz in meinem Fühlen, ganz in meinem Sehen und Hören. Das ist nicht anstrengend, sondern erfüllend und beglückend. Wir leben oft unter einer Decke, die uns vom eigentlichen Leben abschneidet. Viele haben das Gefühl, neben sich zu stehen. Benedikt will uns lehren, ganz im Augenblick zu leben, "das Leben leise wieder zu lernen" und die Lust am Leben zu verspüren. Das Christentum hat durch einen falsch verstandenen Asketismus manchen Schaden an-

beim missionarischen Pfingsttreffen

gerichtet. Viele Menschen meinen, Lust vertrage sich nicht mit Frömmigkeit. Sie denken gleich an sexuelle Lust. Benedikt ist noch frei von diesem Mißverständnis. Er weiß, daß Glaube zur wahren Lust führen will, zur Lust am Leben, zu einem wachen und echten Leben, zu einem Leben im Augenblick, zu einem Leben in Freiheit und Freude. Das den Menschen heute wieder neu zu vermitteln, nicht theoretisch, sondern durch das konkrete Leben im Alltag, wäre eine lohnende Aufgabe unserer Zeit. Ein Drittes wäre die benediktinische Grundhaltung der Ehrfurcht, die in dem Glauben an Christus im Bruder gründet und zu einer neuen Form des Miteinanders führt. Gegenüber dem weit verbreiteten Pessimismus könnte der Glaube an Christus im Bruder das Positive im Menschen wecken und ein neues Vertrauen zueinander ermöglichen. Christliches Leben ist nur im Miteinander möglich. Für die frühe Kirche war das Miteinander von Juden und Griechen, von Herren und Sklaven, von Mann und Frau das deutlichste Zeichen, daß das Reich Gottes angebrochen ist. So möchte die benediktinische Gemeinschaftsidee etwas

77

von diesem Reich Gottes erfahrbar machen, in dem alle miteinander ihr Leben teilen, und in dem gerade auch die Armen und an den Rand Gedrängten eingeladen werden, mit uns alles gemeinsam zu haben. Viertens wäre die benediktinische Maxime des Ora et Labora zu nennen. Sie will uns nicht nur zum rechten Maß von Gebet und Arbeit führen, sondern zu einer Frömmigkeit ermuntern, die geerdet ist, die in die Bewältigung des Alltags führt, und zu einer Spiritualität, die in die Welt eingreift und sie heilend und erlösend gestaltet. Für Benedikt ist die Arbeit der Ort unserer Gottesbegegnung. Nicht in erster Linie fromme Gefühle zeigen, ob wir uns mit Leib und Seele Gott übergeben haben, sondern die Art, wie wir unseren Alltag leben und wie wir konkret arbeiten. So könnte Benedikt zu einer Spiritualität anregen, die für unsere Zeit wichtig ist, eine Art Wirtschaftsethik, von der heute soviel gesprochen wird, eine Frömmigkeit, die sich in heilender und schöpferischer Arbeit ausdrückt.

im Gästespeisesaal

Ein Fünftes wäre die benediktinische Gastfreundschaft. In der Zeit der Völkerwanderung, als jedes menschliche Vertrauen zerstört war und die Menschen sich überall unbehaust und fremd vorkamen, schuf Benedikt feste Gemeinschaften, die am gleichen Ort bleiben sollten und so zu einem Ruheplatz für die unruhig Umherirrenden werden konnten. Das Gefühl des Fremdseins und Unbehaustseins ist heute genauso verbreitet. So wäre es auch für uns eine wichtige Aufgabe, einen Raum zu schaffen, in dem sich Menschen geborgen fühlen, in dem sie sich angenommen und geliebt wissen, geachtet in ihrer unantastbaren Würde, eingeladen, das Leben mit uns zu teilen, eingeladen, mit uns gemeinsam die Lust am Leben wieder zu lernen. Die Gastfreundschaft ist die benediktinische Weise der Seelsorge. Sie ist heute moderner denn je. Aber wir können uns nie zufrieden geben mit unseren Idealen. Wir müssen immer wieder neu Phantasie entwickeln, wo und wie heute diese Gastfreundschaft authentisch gelebt werden kann. Wer sind heute die Fremden und Unbehausten? Wer fühlt sich heute in der Kirche fremd und ungeliebt? Wer sind heute die Armen, mit denen wir unser Leben teilen sollen? Und wie müssen wir selbst leben, damit wir in der Gastfreundschaft wirklich einen Ort anbieten können, der heilend und befreiend, aufbauend und ermutigend ist, der Hoffnung weckt und Geborgenheit schenkt?

Wenn wir versuchen, auf die Zeichen der Zeit zu hören und nach der benediktinischen Antwort auf die Nöte der Menschen zu fragen, begegnen wir immer auch unserer eigenen Schwäche und Ohnmacht. Wir erfahren, daß wir aus uns und unserer eigenen Kraft nichts vermögen. Die wahre Antwort, die wir daher geben können, liegt nicht in unseren Fähigkeiten und in dem Reichtum an Begabungen, für den eine große Gemeinschaft dankbar sein darf, sondern es ist die Barmherzigkeit Gottes, auf die wir uns in unserem Leben täglich verwiesen sehen. Wir sollen uns selbst nicht überfordern auf unserem Weg der Nachfolge, und wir sollen die Menschen nicht überfordern. Am Ende des 4. Kapitels, in dem Benedikt 75 Werkzeuge des geistlichen Lebens aufzählt, die die Mönche eifrig zu üben haben, empfiehlt er als wichtigste geistliche Haltung des Mönchs: "an der Barmherzigkeit Gottes niemals verzweifeln". Das ist die eigentlich befreiende Botschaft, die uns ohne Angst vor unserer Zukunft leben läßt. Wir sollen nicht so sehr auf uns und unser Vollkommenheitsideal schauen, sondern auf den barmherzigen Gott. Heute überfordern sich viele durch das Bestreben, perfekt sein zu wollen, entweder moralisch perfekt, oder psychisch perfekt, oder aber im Beruf und Verhalten andern gegenüber. Wenn wir nicht auf uns, sondern auf Gottes Barmherzigkeit schauen, dann können wir gelassen leben und frei. Dann trauen wir uns und unserer Zukunft etwas zu, weil wir Gott etwas zutrauen, der uns trotz unserer Schwächen und Grenzen in seinen Dienst ruft, damit wir Ihn in unserer Welt gegenwärtig und wirksam werden lassen. Wenn wir uns dem barmherzigen Gott hinhalten, damit Er durch und mit uns wirkt, dann gehen wir voller Hoffnung der Zukunft entgegen, dann vertrauen wir darauf, daß unsere Abtei trotz der täglichen Konflikte und Schwächen eine Zukunft hat, daß sie die Wahrheit des Altmünsterschwarzacher Wortes erfüllt: Felicitas rediviva. Die Gemeinschaft der hl. Felicitas in Münsterschwarzach wird immer wieder aufleben und aufblühen, wenn sie auf den barmherzigen Gott schaut und Gottes Barmherzigkeit in dieser Welt sichtbar und erfahrbar darstellt und vorlebt.

GOTTES HAB ICH DITES WER
BARBRA D

BILDVERZEICHNIS

BILDNACHWEIS

S.29,49,67:Archiv/ Abtei Münsterschwarzach
S.64, 68:   P. Manfred Hornung/Münsterschwarzach
S.65:   Rolf Kunitsch/Münster-Altheim
S.69:   Gerard Klijn/Königswinter
Sonstige: P. Gunther Kornbrust/Münsterschwarzach